JE CONNAIS
les cris
des animaux

Avec la collaboration éditoriale d'Evelyne Mathiaud

ILLUSTRATIONS D'YVON LE GALL

le coq chante

FERNAND NATHAN

Tu sais, sans aucun doute,
que le chien aboie,
que le chat miaule...
peut-être, que le cochon grogne,
que le loup hurle...
mais connais-tu le cri du tigre,
celui de la grenouille,
ou de l'éléphant ?
Grâce à cet album, tu les apprendras.
Un conseil :
amuse-toi à poser
ces devinettes aux grands...
Tu seras surpris de leurs réponses !

le perroquet parle

le cerf brame

l'éléphant barrit

la vache meugle

le renard glapit

le lapin clapit

le chien aboie

le lion rugit

le serpent siffle

le loup hurle

le rhinocéros barète

le dindon glougloute

le sanglier grommelle

la chouette chuinte

le tigre feule

le cheval hennit

le mouton bêle

l'ours gronde

le buffle souffle

le chat miaule

la grenouille coasse

le cochon grogne

le chameau blatère

la pie jacasse

l'âne brait

le pigeon roucoule

le crocodile vagit